AF260209

# Souvenirs militaires

## DU CHEF D'ESCADRON MATHIEU

### de 1787 à 1815

Publiés par Camille LÉVI

Chef de Bataillon breveté à l'Etat-Major du 1$^{er}$ Corps d'armée

(Extrait du *Spectateur militaire*.)

**PARIS**

HENRI CHARLES-LAVAUZELLE

Éditeur militaire

10, Rue Danton, Boulevard Saint-Germain, 118

(MÊME MAISON A LIMOGES)

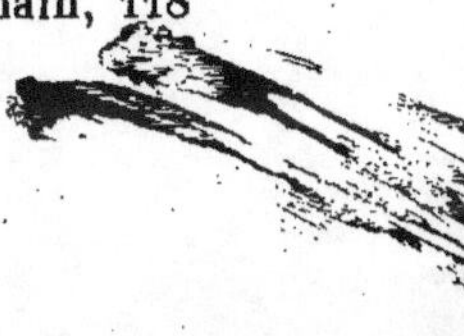

# Souvenirs militaires

## Du chef d'escadron Mathieu

### de 1787 à 1815

# Souvenirs militaires

## DU CHEF D'ESCADRON MATHIEU

### de 1787 à 1815

Publiés par Camille LÉVI

Chef de Bataillon breveté à l'Etat-Major du 1ᵉʳ Corps d'armée

(Extrait du *Spectateur militaire*.)

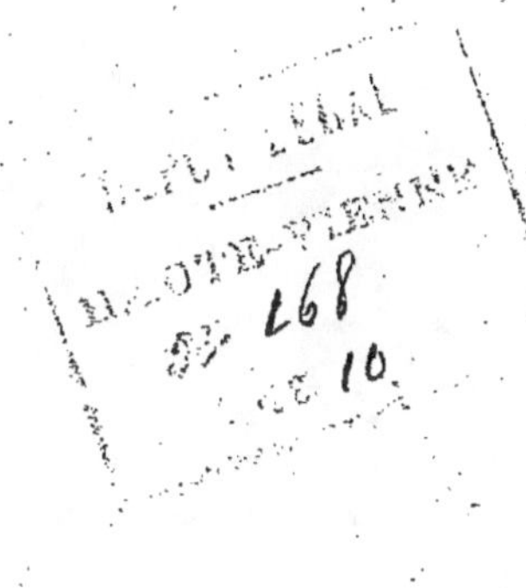

**PARIS**

Henri CHARLES-LAVAUZELLE

Éditeur militaire

10, Rue Danton, Boulevard Saint-Germain, 118

(MÊME MAISON A LIMOGES)

# INTRODUCTION

Les souvenirs militaires du chef d'escadron d'artillerie Mathieu débutent en 1787 et se terminent en 1815.

Au point de vue des campagnes de la Révolution et de l'Empire, ils ont ceci de particulier qu'ils les comprennent toutes, sauf celle de 1815, du premier coup de canon de la campagne de 1792 au dernier de la campagne de 1814.

Pour être moins développés que d'autres, ils n'en sont pas moins intéressants et nous fixent sur plusieurs détails peu connus.

Ils respirent la vérité et je puis dire qu'ils sont vrais car si, suivant mon habitude, j'en ai scrupuleusement respecté le texte, j'ai tenu à les *recouper*. J'ai traduit mes constatations sous forme de notes.

Le commandant Mathieu est un patriote dans la plus pure acception du mot. C'est aussi un vrai soldat. Il ne sort pas du domaine militaire ; une seule fois pourtant. « Je n'ai jamais approuvé une chose semblable », dit-il, en parlant du coup d'Etat de brumaire. Et c'est tout. Ainsi l'avènement de l'Empire ne lui inspire aucune réflexion.

Ensuite, tout en gardant jusqu'au bout l'empreinte austère et républicaine de tous ceux qui ont servi sous le général Moreau, il ne manque pas de dire « *le grand homme* » en parlant de l'Empereur.

Enfin, en 1814, il considère, avec tous les braves gens, que c'est un devoir de défendre l'Empereur.

Trois fois il perd tout son avoir, simples accidents de carrière qu'il note en passant, à titre de curieuses coïncidences, mais c'est le cœur déchiré et en pleurant qu'il raconte la destruction par le froid, dans une nuit, de la moitié de sa batterie en 1812, le passage du Rhin, « ce fleuve que nous avons quitté peut-être pour toujours » à la fin de 1813, et enfin la trahison du maréchal Marmont en 1814.

On jugera, d'après ses souvenirs, que ce devait être un fameux commandant de batterie et de groupe.

Ce fut, d'après ceux qui l'ont connu dans sa retraite, un modèle d'honneur et de bravoure.

Savez-vous, mon cher monsieur Bottin, écrivait-il le 28 mars 1842, qu'il y a aujourd'hui quarante-deux ans que nous faisions partie du même corps d'armée ? Où est-il ce beau temps-là ? On ne se battait pas alors pour être baron, duc, etc., mais bien pour le plaisir d'échiner les ennemis de la République, et, ce qui me peine, on ne parle pas de ce temps-là.

Vous avez sous vos yeux un acteur de ce beau temps-là, le lieutenant général Pajol, qui était beau, jeune et colonel commandant le 6e hussards ; il faisait partie de notre brigade, commandée par le brave général Puthod.

Le commandant Mathieu mourut à Auxonne le 15 juin 1844, à l'âge de 76 ans ; il était né à Vielverge (Côte-d'Or) le 8 novembre 1767.

Sa femme, Françoise Lestrat, était morte depuis cinq ans, le 23 avril 1839.

Ils avaient eu deux fils.

L'aîné, François, né à Thionville le 30 juillet 1796, entra au service comme lieutenant en 2e au 1er régiment d'artillerie à cheval, le 4 décembre 1813 ; il avait alors 17 ans et demi. Retraité en 1852 à la limite d'âge de 56 ans, comme chef de bataillon au 46ᵉ de ligne, il mourut en 1868, à l'hôpital militaire du Val-de-Grâce.

Le cadet, Napoléon-Prosper-Nicolas, né à Paris le 3 décembre 1802, entra au service comme élève à l'Ecole militaire le 9 novembre 1820 ; sous-lieutenant, lieutenant et capitaine au 30ᵉ de ligne, chef de bataillon au 55ᵉ en 1843, lieutenant-colonel au 18ᵉ de ligne en 1852, colonel au 100ᵉ de ligne en 1855, il fut admis à la retraite à la limite d'âge de 60 ans par décret du 10 janvier 1863. Il vécut jusqu'en 1886.

Le commandant Mathieu a écrit ses souvenirs le *lendemain* même de sa rentrée dans ses foyers, à l'aide des notes qu'il n'a jamais cessé de prendre, au jour le jour, au cours de ses campagnes, sur un petit portefeuille à couverture parcheminée.

Je tiens à remercier ici Mᵐᵉ Bessonneaud, arrière-petite fille du commandant Mathieu, qui a bien voulu me faire don de ce portefeuille.

Commandant Lévi.

# Souvenirs militaires

## Du chef d'escadron Mathieu

### de 1787 à 1815

---

### § I. — En garnison de 1787 à 1792.

Entré au service dans l'arme de l'artillerie, régiment de Besançon, le 16 octobre 1787, en garnison à Auxonne. Parti d'Auxonne le 20 du même mois pour aller tenir garnison à *Douay*, où nous arrivâmes le 11 novembre même année (1).

Resté à Douay du 11 novembre 1787 au mois d'août 1788, où nous fûmes au camp de Saint-Omer ; ce camp, de 25.000 hommes, était commandé par le prince de Condé.

Sorti du camp les premiers jours d'octobre et rentré à Douay le 15 dudit (2).

Je passai l'hiver de 1788 à 1789 à Douay, où il fit très froid.

Nous partîmes de Douay dans le mois de juin 1789, avec un fort détachement, pour nous porter sur Paris.

---

(1) Le régiment de Besançon (3° d'artillerie) arriva en effet à Douai en novembre 1787.

(2) Il y eut, en effet, un camp à Saint-Omer, du 1ᵉʳ au 24 septembre 1788, commandé par le prince de Condé et composé de 37 bataillons et 32 escadrons.

Nous étions logés dans le couvent de Saint-Denis au moment de la prise de la Bastille, le 14 juillet 1789.

Nous rentrâmes à Douay sur la fin d'août.

Je partis de Douay avec mon ami Lagrange, de Flammerans, le 25 septembre 1789, pour venir à Lamarche, chez mon père, y passer mon semestre.

Parti sur la fin de mars 1790 pour rejoindre le régiment le 1er avril, comme faisaient tous les semestriers.

Resté à Douay tout le reste de l'année 1790 (1).

En avril 1791, nous quittâmes Douay pour venir à Lafère y tenir garnison. Ce fut le régiment de Toul qui vint nous remplacer de Lafère à Douay (2).

Nous fûmes détachés dans le mois de septembre pour aller armer Landrecy ; nous étions une brigade (4 compagnies).

Le 25 octobre 1791, je partis de Landrecy avec mon camarade Lagrange, pour venir à Lamarche en permission de six semaines. Nous arrivâmes chez mon père le jour de la Toussaint sur le midi.

Je me mis en marche pour rejoindre le détachement le 10 décembre et j'arrivai au Quesnoy, où était la compagnie, le 22, après avoir eu toutes sortes de mauvais temps.

Nous restâmes là jusqu'au 22 avril 1792.


### § 2. — Campagne de 1792.


Le 22 avril 1792, nous nous mîmes en marche pour entrer en campagne contre les Autrichiens.

---

(1) Je trouve trace de la part prise par le régiment de Besançon à la fête civique qui eut lieu à Douaï le 19 mai 1790.

(2) Le régiment de Besançon quitta en effet Douai le 1er avril 1791, à cause de quelques troubles dans lesquels un certain nombre de ses canonniers et de soldats du 49e d'infanterie (ex-Vintimille) s'étaient compromis.

Nous étions une escouade et demie de la 6ᵉ compagnie du régiment de Besançon (1).

Notre capitaine en second, qui nous commandait, s'appelait M. Berthier (2).

Nous arrivâmes sur les bords de l'Escaut, où était rassemblée l'armée, le 28 avril 1792 ; il faisait un très beau temps.

On nous donna les effets de campement, comme tentes, gamelles, bidons et couvertures ; mais comme nous étions enchantés d'un pareil spectacle, nous couchâmes à la belle étoile ; nous prîmes seulement notre paille pour mettre sous nous (3).

Le lendemain 29, qui était un beau dimanche, on nous donna à servir deux pièces de 4 et on nous attacha à un régiment d'infanterie Beauce, je crois 68ᵉ (4).

Nous nous mîmes en marche pour passer l'Escaut, rivière qui séparait la France du Brabant autrichien. Nos chefs nous disent :

Allons, mes enfants, nous allons manger la soupe à Mons, ville belle et riche, où vous serez bien reçus.

C'était le fameux maréchal de France Rochambeau qui commandait l'armée.

Nous prîmes de suite Quiévrain et les coups de fusils et les coups de canons se faisaient entendre, et les blessés et les morts, tout cela était beau à voir, et nous marchions avec courage sur les Autrichiens.

Nous fûmes sans beaucoup de résistance jusqu'au village de *Boussu* ; au delà, on découvre très bien la ville de Mons.

---

(1) L'escouade répondait à notre section.
(2) Il s'agit sans doute de Berthier François qui devint maréchal de camp sous Louis-Philippe.
(3) La nuit fut, en effet, superbe, d'après tous les témoins.
(4) Il s'agit bien, en effet, du 68ᵉ d'infanterie (ex-Beauce).

Comme le repos se prolongeait un peu, nous disions :
« Mais si nous restons ici, il faudra de bien longs manches
à nos cuillères pour manger la soupe en ville. »

Nous couchâmes là la nuit du 29 au 30 avril 1792.

Le matin du 30, il faisait le plus beau temps du monde.

Nous attendions l'ordre de marcher en avant quand
tout à coup les Autrichiens nous attaquèrent et, non sans
beaucoup de résistance, on se dispose à la retraite.

De Boussu à *Quiévrain*, la retraite se faisait avec ordre.

Mais, arrivé là, il y eut une confusion telle parmi les
troupes qu'elles se tirèrent les unes sur les autres. Notre
régiment perdit plus de 400 hommes. Beaucoup se noyè-
rent dans l'Escaut, voulant passer à la nage pour éviter
nos balles. Il s'ensuivit un sauve-qui-peut des plus com-
plets. Je fus blessé au mollet droit par une balle que nous
tiraient les paysans dans Quiévrain, pendant que nous
étions occupés à briser la barricade qu'ils avaient prati-
quée sur la route pour nous empêcher de passer.

Deux heures après, il n'y avait, faut-il dire, plus d'armée.

Les pièces d'artillerie étaient abandonnées, les caissons,
les voitures de vivres, etc.

Le maréchal Rochambeau fut accusé de trahison, mais
on ne le vit plus.

Le fils nous invita à nous retirer sur Valenciennes, en
faisant tous nos efforts pour sauver le plus possible et les
pièces d'artillerie et les caissons (1).

En arrivant à Valenciennes, nous dételâmes nos chevaux, nous les mîmes après des meules de foin et nous
entrâmes en ville y chercher du repos et des vivres, car
nous en avions besoin.

Le lendemain 1er mai 1792, on ne savait pas ce qu'était

______

(1) Le maréchal de Rochambeau n'était pas sur les lieux; son
fils, le général, y était, et se multiplia.

devenue cette armée qui, la veille, voulait envahir tout le Brabant.

Voilà le commencement de notre guerre de 1792 à 1814 : le commencement et la fin ont été des plus malheureux. Je perdis mon sac le 30 avril 1792 et, le 1<sup>er</sup> mai, j'étais, comme on dit, tout nu.

Je n'avais plus rien le 30 avril 1792 au soir, et le 30 mars 1814, jour de la bataille de Paris, de douloureuse mémoire, je ne possédais que ce que j'avais sur le corps, et cela depuis le 9 mars, jour de notre malheureuse affaire devant Laon, où je perdis tout ce que je possédais.

L'armée fut réorganisée dans le commencement de mai 1792, et ce fut le vieux maréchal Lukner qui en eut le commandement.

On nous fit entrer sur le territoire ennemi dans les premiers jours de juin, et nous prîmes Menin, Courtray, Oudenarde et ensuite nous restâmes campés près de *Menin* jusqu'au 28 juin, où nous nous mîmes en retraite dans la nuit sans rien dire.

Le 29, jour de la Saint-Pierre, nous passâmes par Lille pour venir camper sur le sol français et nous continuâmes notre retraite jusqu'à Famars, près de Valenciennes. C'est notre armée qui créa ce fameux camp de Famars, duquel on a tant parlé.

C'est là où vint nous voir le duc d'Orléans ; il était accompagné du général Lafayette, du maréchal Lukner et d'autres généraux.

Nous restâmes dans ce camp, l'arme au bras, pendant quarante jours, à y faire des armes, danser, jouer au rat (1).

On nous fit partir dans les premiers jours d'août pour nous porter sur Thionville. Nous campions à *Richemont*

---

(1) Le jeu du rat était une sorte de colin-maillard.

le 22 au soir, lorsque notre régiment, le 81e d'infanterie, ci-devant Conti, auquel nous étions attachés avec deux pièces de 4, reçut l'ordre de partir pour aller au camp de Fontois (Fontoy), pas loin de Longwy, où nous arrivâmes sur les 8 heures, le 23 août 1792.

J'étais de soupe.

Notre vieux maréchal fut une grande partie de la journée avec les généraux prussiens. La conférence finie, il fit rassembler les troupes et il nous dit :

Mes enfants, vous m'avez vu avec MM. les généraux prussiens. Savez-vous ce qu'ils exigent de nous ? Le déshonneur ! Non, jamais nous n'y souscrirons. Ayez confiance en moi, pour moi j'ai confiance en vous. Vive la nation, la loi et un peu (sic) le roi !

Nous nous disions : voilà qui ne va pas bien.

Le soir, on donne l'ordre de battre en retraite. Nous reprîmes le chemin de la nuit dernière et nous comptions retourner camper à Richemont ; mais, arrivés là, tout était parti et nous arrivâmes devant Metz avant le jour du 24 août 1792.

Nous traversâmes la ville et nous fûmes camper sur la rive droite de la Moselle, à Frascaty, près du palais de M. Larchevêque (sic).

Nous restâmes là du 24 août au 5 septembre sans rien faire, tandis que les Prussiens prenaient Longwy, Verdun, etc.

Nous venions, le 4 septembre, de recevoir un nouveau général en chef, le lieutenant général Kellermann, et notre bon vieux Lukner allait à Paris se faire raccourcir.

Nous nous mîmes en marche le 5 septembre au soir, pour nous diriger sur Toul, de là sur Void, Bar-le-Duc, Saint-Dizier et Vitry-le-François, où nous arrivâmes le 17 septembre.

Nous présentions le flanc droit aux Prussiens, car ils passaient dans l'Argonne pour venir sur Suippe.

Le 18, nous prîmes tout à fait à droite et nous couchâmes dans une grande, immense plaine, et, le 19, nous arrivâmes sur la route de Sainte-Menehould à Châlons.

Le 20 septembre eut lieu la célèbre *bataille de Valmy*, où 20.000 Français soutinrent le choc de 90.000 Prussiens (*sic*).

Ce ne fut que le canon qui prit part à l'action, car notre infanterie ne tira pas un coup de fusil et nos pièces de 4 non plus (*sic*).

L'infanterie perdit beaucoup de monde par les boulets ennemis.

On fut obligé de mettre l'infanterie sur deux régiments de profondeur et pas un boulet ne passait sans emporter des hommes.

Nous eûmes, sur notre petit détachement, 2 tués et 1 le bras emporté.

Moi, je n'eus que la monture de mon sabre emportée, et à peine si je m'en aperçus.

Le soir, sur les 10 heures, on nous fit faire un mouvement sur notre gauche, et nous restâmes, pour faire une lieue au plus, sept heures de temps.

Nous restâmes dans cette position, du 24 septembre au 9 octobre, où nous nous mîmes à suivre les Prussiens qui battaient en retraite sur Luxembourg ; il nous était défendu de tirer sur l'ennemi, ni de faire du mal aux traînards.

Nous arrivâmes le 17 octobre 1792 à Verdun et nous y restâmes jusqu'au 9 novembre. Nous fûmes à Metz et de là à Sarrelouis et environs ; il faisait bien froid.

On rassembla un corps d'armée et nous nous mîmes en marche, le 25 novembre, pour nous diriger par un chemin de traverse sur la Montagne-Verte, près de Trèves.

Tout portait (*sic*), le froid était intense. Tout allait bien jusqu'au 13 décembre. Mais le 14, une pluie vint nous surprendre le jour de notre malheureuse affaire contre la

*Montagne-Verte* et nous fûmes obligés, quelques jours après, de revenir sur nos pas par des chemins tout défoncés par le dégel ; on brûla les tentes, on enterra les canons, enfin c'était pitié de nous voir dans un semblable état.

On nous mit en cantonnement, dans les derniers jours de décembre 1792, aux environs de *Thionville*, et nous y restâmes jusqu'à la fin de mars 1793. Voilà ma première campagne de 1792.

### § III. — Campagne de 1793.

Nous étions toujours cantonnés sur la route de Sarrelouis à Thionville, depuis les derniers jours de décembre 1792 lorsque, le 13 avril, on nous donna l'ordre de marcher sur Mayence.

Après deux jours de ce côté, on nous fit rétrograder pour venir à Thionville, où nous arrivâmes le 17 avril pour y tenir garnison.

Dans les derniers jours de mai, on rassembla un petit corps d'armée de 7.000 à 8.000 hommes, sous les ordres du général de Laage, pour faire un coup de main sur *Arlon*. L'affaire commença le 7 juin, mais on ne réussit pas. Le 9, on s'y prit autrement, on s'empara des magasins de l'ennemi, but de l'expédition, et nous rentrâmes à Thionville sur la fin de juin 1793, après avoir perdu beaucoup de monde pour peu de succès (1).

Je partis de Thionville le 15 août pour entrer dans les compagnies d'artillerie à cheval qui se créaient à Metz, 5e, 26e et 30e (2).

---

(1) Le canonnier Mathieu fut blessé le 9 juin d'un coup de feu au côté droit. Cette première affaire d'Arlon est assez peu connue ; à l'époque, elle fit assez de bruit et l'on publia le rapport officiel du général Delaage en même temps qu'un autre rapport, très exagéré, des représentants du peuple près l'armée de la Moselle.

(2) Ces trois compagnies furent, en effet, formées à Metz, à cette

J'entrai dans la 26ᵉ le 11 septembre et, après avoir reçu des hommes, chevaux, habillement, etc....., nous partîmes pour l'armée dans les 15 premiers jours d'octobre, et nous nous trouvâmes aux journées de *Pirmasens*, près du duché de Deux-Ponts (Palatinat) (1).

On nous mit en cantonnement près de *Thionville*, de la fin de novembre 1793 au 15 mars 1794 (2).


## § IV. — Campagne de 1794.

Le 15 mars 1794, nous nous mîmes en marche pour nous rendre de Sarrelouis à Lille (3).

Je fis la belle et glorieuse campagne de 1794, mémorable par la célèbre *bataille de Fleurus*, qui contraignit par son résultat les alliés à abandonner le sol français.

Conquête de la Hollande dans l'hiver de 1794 à 1795. Je n'y étais pas. J'étais parti de *Neuss* sous Cologne, en novembre 1794, pour venir à *Metz* y faire partie de la 2ᵉ compagnie du 6ᵉ régiment d'artillerie à cheval, qui venait d'être créé ainsi que 7 autres.

---

époque : 5ᵉ, capitaine Riflet; 26ᵉ, capitaine Cuny, cadet; 30ᵉ, capitaine Lauriston. Maréchal des logis depuis le 1ᵉʳ août 1793, et arrivé comme tel à la 26ᵉ compagnie, Mathieu y fut nommé le 1ᵉʳ octobre suivant maréchal des logis chef.

(1) Ce fut le début des nouvelles batteries à cheval.

(2) C'est à Thionville, à la fin de 1793, que le maréchal des logis chef Mathieu se maria à Françoise Lestrat, âgée de 18 ans. C'est peu après qu'il fut nommé lieutenant en 2ᵉ, le 19 pluviôse an II (8 février 1794).

Il y eut à ce moment une véritable épidémie de mariages à Thionville : les plus célèbres furent ceux des généraux Hoche et Debelle.

(3) Sur la situation de l'armée de la Moselle, à la date du 1ᵉʳ prairial an II (20 mai 1794), je trouve la 26ᵉ, avec trois autres compagnies d'artillerie à cheval, au parc d'artillerie.

## § V. — Campagne de 1795.

Dans le courant de janvier 1795, on nous fit partir de Metz pour aller à *Namur* et les environs. Nous étions deux compagnies, 2<sup>e</sup> et 6<sup>e</sup>, et le dépôt.

Nous restâmes là jusqu'au mois de mai et nous revînmes à Metz.

Partis de Metz dans le mois d'octobre 1795, pour aller à *Sarrelouis* y armer la place. Nous étions à pied ; les deux compagnies n<sup>os</sup> 2 et 6.

On nous fit partir de là dans le mois de juin 1796, pour venir à *Thionville* y armer la place (1).

## § VI. — Campagne de 1796 en Allemagne.

Parti de Thionville le 10 août 1796 pour l'armée de Sambre-et-Meuse, commandée par le général Jourdan. Arrivé là le 14 fructidor ou 3 septembre. Je fus blessé le lendemain 15, à la fameuse affaire de Saltzbourg (*sic*) et fait prisonnier de guerre (2).

## § VII. — En garnison en 1797 et 1798.

Je fus rendu en 1797 (messidor an V) et rejoignis le dépôt du régiment à *Metz*. Ma compagnie était près de Cologne. Je partis en fructidor même année pour *Paris* avec une compagnie, la 6<sup>e</sup>, où je restai jusqu'au mois de mars 1798, où je revins à Metz et, de là, à *Cologne*, y rejoindre la 2<sup>e</sup> où j'étais lieutenant.

---

(1) C'est pendant ce nouveau séjour à Thionville que le lieutenant Mathieu passa en 1<sup>er</sup>, le 29 messidor an IV (17 juillet 1796).

(2) Il s'agit évidemment de la bataille de Würzbourg, où il reçut un coup de sabre à l'épaule droite.

Le traité de Campo-Formio existait alors, et la France était tranquille et s'attendait à une paix générale.

L'expédition d'Egypte eut lieu dans l'an VI.

Nous restâmes cantonnés aux environs de Cologne jusqu'au mois de février 1799.

## § VIII. — Campagne de 1799 en Suisse.

Au mois de février 1799, nous nous mîmes en marche pour venir près *Manheim* pour y recommencer les hostilités.

Nous partîmes de là en juin pour venir contre les Russes, près de Zurich en Suisse.

La *bataille de la Limath* eut lieu en fructidor, an VII, et eut pour résultat de détruire le fameux Souvarow.

Bonaparte, dans le même temps, revint d'Egypte, s'empara du pouvoir et fut nommé consul. Je n'ai jamais approuvé une chose semblable.

On nous mit en cantonnement dans le canton de *Saint-Gall*, du mois de décembre 1799 au mois d'avril 1800 (1).

## § IX. — Campagne de 1800 en Allemagne.

Au mois d'avril 1800, nous passâmes le Rhin pour attaquer les Autrichiens. Cette campagne eut un beau succès.

Nous étions dans le mois de janvier 1801, après avoir conquis tout le pays depuis Constance jusqu'auprès de Léoben, 40 ou 50 lieues de Vienne. On nous mit en cantonnement à *Wels*, près de la ville d'Enns, sur la route de Vienne (2).

______

(1) C'est pendant ce séjour que le lieutenant Mathieu fut nommé capitaine en 2°, le 17 pluviôse an VIII (6 février 1800).

(2) Le capitaine Mathieu commandait la 1re compagnie du 6e d'artillerie à cheval, division Delmas, effectif de départ : 69 hommes.

Je partis de là le 15 février 1801, pour rentrer en France avec la 1$^{re}$ compagnie du 6$^e$ à cheval que je commandais et arrivai à la fin de mai à Rennes, où était le dépôt du régiment depuis peu de temps (1).

Voilà les marches et contremarches en raccourci que j'ai faites du 22 avril 1792 au mois de mai 1801.

## § X. — En garnison de 1801 à 1805.

Je restai à Rennes du mois de mai au mois de juillet 1801.

Dans le mois de juillet 1801, je partis de Rennes et en poste avec un nommé Chopin, aussi capitaine comme moi, pour me rendre à la Rochelle, pour y être employé sur les côtes faisant partie de la direction (2).

J'étais aux Sables bien tranquille lorsque je reçus ma réforme avec un traitement de 800 francs par an. J'avais alors 34 ans.

Je me rendis à Paris en 1802, pour y solliciter ma retraite comme privé d'un membre. On ne voulut pas me la donner. On me plaça au 1$^{er}$ à cheval.

Je partis de Paris dans les derniers jours d'avril 1803 pour me rendre à Plaisance où était le régiment (3).

Après six semaines de séjour, je partis pour Lanslebourg, au pied du mont Cenis, pour y recevoir des recrues qui venaient de France. Je restai là 40 jours à les attendre. Les ayant reçues, je me mis en marche et j'arri-

---

Il fut blessé par un boulet au côté gauche à Salzbourg, le 23 frimaire an IX (14 décembre 1800).

(1) D'après le général Susane, ce dépôt n'aurait été transféré à Rennes qu'en avril 1802.

(2) Je trouve un Choppin, major commandant l'artillerie du 1$^{er}$ corps de cavalerie en 1812, et un Chopin, colonel du 2$^e$ d'artillerie à cheval en 1813.

(3) La portion centrale du 1$^{er}$ à cheval était à Plaisance depuis le mois d'août 1802; je possède une lettre du colonel d'Anthouard datée de Plaisance, à cette époque.

vai à Plaisance dans la mi-octobre, où l'ordre m'attendait pour me rendre à Boulogne y faire partie du camp. J'arrivai là en novembre 1803, j'y restai jusqu'en septembre 1805.

## § XI. — Campagne de 1805 en Autriche.

En septembre 1805, nous partîmes du camp de Boulogne pour faire la campagne de 1805.

Après la *bataille d'Austerlitz*, on nous fit revenir en Bavière y prendre du repos. Nous y restâmes jusqu'au 3 octobre 1806.

## § XII. — Campagne de 1806 en Prusse.

Le 3 octobre 1806, nous entrâmes en campagne contre les Prussiens.

La *bataille d'Iéna* eut lieu le 14, et nous nous mîmes à la poursuite du général Bluker (Blucher), qui avait échappé des griffes de notre armée le 14.

Nous l'atteignîmes à *Lubec* où il fut fait prisonnier avec tout son corps d'armée. Il fit une belle retraite. Si tous les chefs prussiens à Iéna avaient fait de même, nous aurions perdu beaucoup de monde.

Nous eûmes quelques jours de repos (1). Après quoi, nous vînmes à Berlin où nous fûmes passés en revue par le grand homme (2).

Ensuite nous partîmes pour Francfort-sur-l'Oder. Nous marchâmes tout le reste de la journée ; la nuit, on fit la soupe et, après quatre heures de repos, nous reprîmes notre route et nous n'arrivâmes à Francfort qu'à la nuit.

---

(1) C'est à ce moment que le capitaine Mathieu passa en 1re, le 10 novembre 1806.

(2) Il s'agit sans doute de la fameuse revue du 22 novembre 1806.

On compte 24 lieues d'une ville à l'autre et nous les fîmes sans plus de repos. Aussi il n'y avait à notre arrivée que la tête de chaque corps.

Nous fûmes bien remis à Francfort. L'infanterie, cavalerie et artillerie en avaient besoin de ce repos après une marche pareille. Qu'on vienne encore nous vanter les légions romaines, pour leur marche, je les enverrai à celles que nous avons faites tant de fois (1).

De là nous nous rendîmes sur les bords de la Vistule, en passant par Posen où il y avait une boue épouvantable. Je ne sais pas comment notre infanterie pouvait s'en retirer. Nous passâmes la Vistule les journées de Noël, elle était très haute, il dégelait. Jamais je n'ai vu un aussi mauvais chemin qu'était celui de Chianovo à Goskovo. Il y a de l'un à l'autre endroit 6 lieues. Nous mîmes, pour les faire, du 27 au 31 décembre 1806. Entre les deux endroits, c'est un pays plat où l'eau couvrait, on peut dire, partout le sol. J'ai vu au moins deux mille et quelques voitures laissées dans la boue. Celle du grand homme était du nombre. On vint me demander des chevaux pour l'enlever d'où elle était, mais il fut impossible. Des hommes sont morts debout dans la boue et il y en avait plusieurs.

Quand on a passé par un pareil chemin, on peut passer partout.

## § XIII. — Campagne de 1807 en Pologne.

Nous eûmes du repos tout le mois de janvier 1807.

Il faisait bien froid. Nous nous mîmes en marche le 29 janvier pour aller à la *bataille d'Eylau*, qui eut lieu le 8 février 1807.

---

(1) C'est vrai, mais, comme le dit le capitaine Mathieu, il n'y avait que la tête de chaque corps. C'était un procédé admis (marche sur Vienne en 1805, sur Lisbonne en 1807).

Je n'ai jamais vu autant de neige, pendant que l'on se battait, on ne voyait pas l'ennemi.

Le lendemain 9, nous traversâmes la ville et nous allâmes à une lieue prendre du repos. Nous rétrogradâmes, du 16 au 19, pour venir sur la petite rivière de la *Passarge*, où nous restâmes là jusqu'au mois de juin (1).

On se mit en marche pour aller à *Friedland*, bataille qui eut lieu le 14 juin 1807 et à la suite de laquelle eut lieu le traité de Tilsit.

Je partis de Moron (Mohrungen) le 30 mai pour aller à Naples prendre le commandement de la 3e compagnie du régiment. J'arrivai le 7 octobre, je restai là jusqu'au 18 novembre où le régiment se mit en marche pour Vérone où nous arrivâmes le 29 décembre 1807.

## § XIV. — En garnison en 1808 en Italie.

Nous restâmes tout 1808 tranquilles à Vérone.

## § XV. — Campagne de 1809 en Italie et en Autriche.

Le 12 mars 1809, je partis de Vérone pour aller faire partie de l'armée d'Italie qui se rassemblait près d'Udine ; j'étais de la division du général Broussier.

Les hostilités commencèrent le 10 avril.

Le 16 eut lieu la *bataille de Sacile* où nous fûmes battus et obligés de nous retirer sous Vérone.

Le 1er mai, nous nous mîmes à la poursuite de l'ennemi que nous n'atteignîmes qu'à *Gratz* le 30.

Nous restâmes tout le mois de juin devant le château de cette ville.

---

(1) C'est là que le capitaine Mathieu fut nommé légionnaire le 14 avril 1807.

Le 1er juillet, nous en partîmes à 10 heures du soir pour nous diriger sur l'île Lobau, où nous arrivâmes le 5 à 4 heures.

Le 6 juillet eut lieu la *bataille de Wagram* contre les Autrichiens qui se trouvaient sur la rive gauche du Danube (1).

Après la bataille, nous revînmes à Gratz y prendre des cantonnements.

Je partis à la fin d'octobre pour rentrer au régiment avec ma compagnie.


## § XVI. — En garnison en 1810 et 1811 en France.

Je ne fis aucun mouvement, de janvier 1810 au 23 octobre, jour que nous nous mîmes en marche pour venir à Auxonne où nous arrivâmes le 29 novembre 1810.

Je restai à Auxonne jusqu'au 20 octobre 1811.


## § XVII. — Campagne de 1812 en Russie.

Le 20 octobre 1811, je partis pour aller à Cologne y passer la revue du grand homme.

Nous fûmes mis en cantonnement sur la rive droite du Rhin, autour de Wesel où était rassemblé le 2e corps de cavalerie commandé par le lieutenant général comte Montbrun, du 10 novembre 1811 au 28 février 1812, époque où je me mis en route pour marcher en avant sur... (lacune) (2).

---

(1) Le capitaine Mathieu y fut blessé au poignet gauche d'un biscaïen ou d'un boulet (variante). Il figure dans l'ouvrage Martinien parmi les blessés de Wagram.

(2) La batterie du capitaine Mathieu (3e du 1er d'artillerie à cheval), formant division avec la 4e du même régiment, était affectée au 2e corps de cavalerie; son effectif était de 3 officiers, 84 hommes, 82 chevaux, 6 pièces dont 2 obusiers.

Nous marchâmes pendant les mois de mars, avril, mai jusqu'au 24 juin, époque où nous passâmes le Niémen.

Les Russes n'étaient pas en forces pour nous disputer le terrain. Aussi, nous marchâmes sans grands dangers jusqu'à la *bataille de la Moskowa*, où les Russes furent battus et poursuivis jusqu'à Moscou où l'armée entra le 14 septembre 1812 sur les 10 heures du matin. Je faisais partie de l'avant-garde commandée par le roi de Naples.

La ville était intacte lors de notre passage.

Nous fûmes camper à une espèce de château, à portée de canon de Moscou.

Il n'y avait pas une heure que nous y étions, que nous vîmes des maisons où le feu était. (*sic*).

Comme les cosaques nous jouaient tous les jours de pareils tours, nous ne fîmes que peu d'attention, mais, à l'entrée de la nuit, on voyait partout le feu et on aurait dit qu'il y avait du monde chargé de l'y mettre.

Les flammèches de feu venaient jusque sur nos caissons, ce qui nous embarrassait beaucoup par la raison que l'ennemi était tout contre nous, et que nous ne pouvions pas nous porter en avant ni par conséquent revenir sur la ville.

Nous trouvâmes des planches, de la toile que nous mouillâmes et nous fûmes sauvés.

Nous restâmes là les 15, 16 et jusqu'au 17 au soir où on nous fit rétrograder sur les maisons brûlées de la ville pour y passer la nuit du 17 au 18.

Jamais si mauvaise nuit. Grand vent nord qui nous envoyait les cendres dans les yeux. Pas une botte de paille pour nous reposer. Rien à manger, mais beaucoup à boire, car on avait trouvé des caves remplies de vin.

Enfin, le jour du 18 septembre parut et nous reçumes l'ordre de marcher en avant à l'est de la ville, ce qui nous éloigna de l'horrible situation où nous étions.

Nous marchâmes en avant les 18, 19, 20, 21 et 22.

Je crois que nous étions éloignés de Moscou de 30 et quelques lieues.

Le 23, on disait que nous allions prendre des cantonnements, il y avait des ressources dans le pays. Nous étions très tranquilles.

Le 25, nous voilà attaqués en avant et en arrière.

Nous nous battîmes pendant les 25, 26, 27, 28, 29 et 30 septembre.

Le 1er octobre, rien.

Mais, le 2, nous eûmes une affaire aussi chaude qu'à la Moscowa. Les Polonais nous sauvèrent.

Le 3, rien.

Le 4 octobre 1812, nous faillîmes être enlevés. Nous fûmes chargés. Notre cavalerie ne put tenir. Je me vis perdu. Je pris le parti de me sacrifier.

Allons, mes enfants, dis-je à mes canonniers, soutenons seuls, ne craignez rien, tirez à mitraille, ne vous pressez pas, et tirez juste.

La cavalerie ennemie fut arrêtée par le feu de mes 12 bouches à feu, au grand étonnement de la nôtre qui n'osait pas encore revenir près de nous pour nous secourir. Jamais je n'ai vu autant de bravos sortir des bouches spectatrices (sic) d'une aussi belle défense. Le général en chef dit :

Mes braves canonniers, vous avez sauvé le corps d'armée.

Le bon prince Poniatowski vint me serrer la main.

Courage, mon camarade, il y aura récompense.

Et je n'eus rien et je ne sais pas si cela fut mis dans le rapport du général en chef Sébastiani, car c'est lui qui nous commandait.

Nous restâmes du 4 octobre au 18 dans ce malheureux endroit, il n'y avait pas un brin de paille pour nos chevaux ni pour nos couches. Je n'ai jamais vu autant de misère sur notre pauvre corps d'armée pendant ces 14 malheureuses journées.

Le 18 au matin, nous fûmes attaqués d'une manière très vigoureuse. Notre cavalerie ne put pas tenir et elle n'était entourée que de cosaques.

J'avais douze bouches à feu qui faisaient un très bon et beau feu, mais cela n'empêcha pas notre cavalerie de se retirer en désordre. Je fus tourné par mon flanc gauche. J'avais un bois à ma droite, je fis faire un à-gauche à mes pièces et je tirai sur le flanc gauche de la cavalerie ennemie ; elle s'arrêta et n'osa pas charger mes pièces.

Au moment où j'étais bien occupé, un malheureux cosaque eut l'effronterie de venir me donner deux coups, sur le bras gauche, du bâton de sa lance. Je me tourne de son côté au premier coup, et, en m'en donnant un second, je compris qu'il me demandait pardon. Je n'avais rien dans ma main droite, je saute par-dessus la prolonge de la pièce qui était près de moi, je saisis mon sabre en même temps, je tourne les chevaux de la pièce et je cours après mon cosaque que j'atteignis bientôt en lui plongeant mon sabre dans le dos à le faire tomber de son cheval (1).

Mon ordonnance se saisit du cheval, et je revins au galop à la batterie, où je fis continuer le feu et forcer la cavalerie ennemie à se retirer.

C'était pitié de nous voir dans une aussi triste situation.

L'infanterie ennemie avait coupé la route par où nous devions nous retirer. Heureusement que nous avions le corps polonais commandé par le prince Poniatowski.

Etant arrivé de sa personne, le roi de Naples lui dit :\

Il ne s'agit pas de manœuvrer, il faut faire une trouée et tout de suite.

---

(1) Cet épisode paraît bizarre, mais j'en ai trouvé d'autres exactement semblables dans des mémoires que je possède.

Le roi me demanda où j'en étais.

En entier, sire, mais je ne sais comment sont les autres batteries.

Les Polonais arrivés, on tomba sur l'ennemi à bras raccourcis, nous fîmes un passage et nous allâmes coucher à une lieue de là.

Chemin faisant, on vint m'apprendre que mon fourgon était pris par l'ennemi. Les deux coups de bâton que j'avais reçus sur le bras gauche me causaient une grande douleur. J'étais obligé de tenir mon bras avec ma main droite.

Je couchai sous un caisson avec un peu de paille sous moi et je passai ainsi la nuit du 18 au 19 octobre 1812 (1).

Je ne pris rien de la journée.

Le 19, lorsque j'eus fait l'appel de ma compagnie, que j'appris que 38 de mes bons et braves canonniers manquaient, je ne pus m'empêcher de pleurer. Je ne possédais pas une once de pain. Enfin, je n'avais que mon corps et le cheval que je montais.

Nous fîmes un mouvement en avant. Nous y couchâmes et y restâmes toute la journée du 20 (*sic*).

Sur les 6 heures, on nous donna l'ordre de faire un mouvement rétrograde. Nous marchâmes toute la nuit, et ce mouvement a duré du 20 octobre 1812 au 15 février 1813, que j'arrivai à *Magdebourg*, avec 36 hommes de ma compagnie.

Je rassemblai là les débris de nos sept compagnies ; il se trouvait 78 hommes, sous-officiers, brigadiers et canonniers, 1 cheval de troupe, le mien, et 1 autre d'officier de la 2ᵉ.

Ainsi, le régiment perdit plus de 600 hommes. Il y avait quatre compagnies attachées à la garde ; elles ne tirèrent

---

(1) Il s'agit, dans tout cela, de l'affaire de Vinkovo.

pas un coup de canon, et ce sont celles-là qui perdirent le plus (2).

## § XVIII. — Campagne de 1813 en Allemagne.

Un ordre du ministre de la guerre prescrivait de créer, avec les 78 hommes, quatre compagnies.

Je ne pus garder les 36 miens.

On mit le tout en quatre parties et nous reçûmes des canonniers des régiments d'artillerie à pied et des cohortes.

Ma compagnie fut portée tout de suite à 104 hommes et 100 chevaux.

C'était dans les quinze premiers jours de mars.

Le 1er avril 1813, nous passâmes l'Elbe à Magdebourg et, le 5, nous nous battîmes bravement et, de ce jour, j'eus bonne opinion de mes nouveaux canonniers.

Nous repassâmes la rivière sur le même pont de bateaux et nous vînmes cantonner près de la ville.

Là, j'achevai l'organisation de ma compagnie ; je fis donner manteaux, portemanteaux, bottes, etc., de manière qu'au 20 avril je pus me mettre en ligne tout aussi franchement qu'avec mes bons et braves canonniers que j'avais laissés dans les différentes affaires de 1812.

Le 2 mai eut lieu cette fameuse *bataille de Lützen* contre les Russes et Prussiens réunis. Nous tirions encore le canon à 10 heures du soir et nous y étions forcés par l'ennemi qui ne cessait pas son feu.

Enfin, malgré les boulets ennemis, on donna l'ordre de faire manger les chevaux, mais seulement la moitié à la fois.

---

(2) Les 1re, 2e, 5e et 6e compagnies du 1er d'artillerie à cheval étaient en effet affectées à la garde, la 7e, au 3e corps.

Nous restâmes debout de cette manière toute la nuit, et, à 2 heures du matin, l'ennemi fit un mouvement en avant comme pour nous attaquer ; mais, quoique étant prêts, nous les laissâmes s'avancer sur nous jusqu'à petite portée de canon. Voyant que nous ne bougions pas, ils s'arrêtèrent, et on vit, une heure après, leur arrière-garde se replier.

On se mit à leur poursuite, mais nous n'avions pas assez de cavalerie pour profiter de nos avantages.

Nous les poussâmes de cette manière jusqu'à Dresde, où nous passâmes l'Elbe le 8, et on resta au repos jusqu'au 21, où eut lieu la *bataille de Bautzen.*

Vainqueurs, nous poursuivîmes l'ennemi jusqu'au Bober, et là eut lieu cet armistice qui dura du 30 mai au 17 août pour notre malheur, car si on avait poursuivi l'ennemi, nous l'aurions rejeté au moins sur la Vistule, et les Autrichiens ne se seraient pas mêlés de la partie.

Nous apprîmes, le 20 août, que les Autrichiens nous avaient déclaré la guerre et qu'ils marchaient sur Dresde pour s'en emparer.

Nous nous mîmes en marche et nous marchions à grandes journées, le 1ᵉʳ corps de cavalerie dont je faisais partie et la garde (1).

Nous arrivâmes le 26 août et nous fûmes obligés de défiler sous un feu de canon bien nourri, pour nous porter sur les bords de la rivière que nous passâmes le plus vite possible, et, après avoir pris un peu de repos, on nous fit attaquer l'ennemi qui était tout auprès des faubourgs.

Nous rentrâmes dans l'endroit où nous avions reposé ; il était près de 10 heures.

Sur les 11 heures, la pluie survint et était très forte, ce qui ne nous arrangeait guère, et, à la pointe du jour, nous

---

(1) Je n'ai pu vérifier cette affectation.

attaquâmes l'ennemi par une forte pluie qui dura toute la journée du 27 août 1813.

Sur les 3 heures, on fit charger notre cavalerie sur les carrés autrichiens ; le premier qu'on attaqua était à l'embranchement des deux routes qui sont au-dessus de la ville de Dresde du côté sud ; ce bataillon croisait la baïonnette ; il se laissa écraser sans tirer un coup de fusil. Enfin, il se rendit. C'était la division de Doumerc qui était là, composée de dragons (1).

Les autres carrés se rendirent presque sans résistance.

La bataille ne finit qu'à la nuit. Nous couchâmes à une lieue de Dresde, sur la route d'Aucssburg (Auerberg ?)

Le lendemain 28, nous revînmes sur le champ de bataille.

Le 29, nous nous portâmes sur la route de Pirna, qui va en Bohême, où nous apprîmes, pour le malheur de l'armée, que le corps de Vandamme, de 30.000 hommes, avait été écrasé ; que le maréchal Macdonald était battu sur le Bober ; que les maréchaux Ney et Oudinot étaient battus, marchant sur Berlin.

Nous fûmes obligés de passer la rivière à Dresde et d'aller porter secours au maréchal Macdonald. Nous rejetâmes l'ennemi au delà du Bober et nous revînmes encore une fois sur la route de Pirna.

Nous fûmes obligés de passer la rivière une troisième fois pour nous porter sur la rive droite, où nous restâmes jusqu'au 26 septembre.

Nous repassâmes sur la rive gauche à Meissen et nous vînmes près Torgau.

Nous repassâmes sur la rive droite le 12 octobre à Wittemberg, pour aller attaquer les Suédois que nous refou-

---

(1) La division de grosse cavalerie Doumerc comprenait à ce moment une brigade de cuirassiers et une brigade de dragons.

lâmes près de Magdebourg. De là, nous vînmes à marches forcées nous rendre à la bataille de Leipzig, le 16 octobre 1813.

Tout allait bien le 16.

Le 17, on resta tranquille. Le matin du 17, il plut. On parlait de paix.

Le 18, nous fûmes attaqués de tous côtés. Nous manquâmes de munitions le soir.

L'ennemi nous avait tellement resserrés que des boulets venaient sur le grand parc qui se trouvait près de la ville côté est. On m'avait envoyé là à 5 heures, n'ayant plus de munitions.

Je passai la nuit dans cet endroit.

Dans la nuit, le grand parc défila et passa la ville.

Moi, j'avais reçu l'ordre d'attendre le corps d'armée.

Sur les 8 heures du matin, le 19, je me trouvais seul avec mes douze bouches à feu. Le corps d'armée avait passé la ville dans la nuit et on avait oublié de m'envoyer des ordres.

Je me mis en marche et j'arrivai comme je pus sur les bords de l'Elster que je passai avec quatre bouches à feu.

Le reste de mes batteries, mon fourgon, etc., tout demeura au pouvoir de l'ennemi, vu que le pont, ayant sauté par la maladresse de celui qui y mit le feu trop tôt, fut cause de la perte de l'armée.

De *Leipzig* jusqu'à *Mayence*, où nous arrivâmes le 31 octobre 1813, dans un triste état, à peine si on se battit, et, malgré que nous faisions notre retraite sur un pays de ressources, l'armée faisait pitié en repassant ce fameux fleuve qui nous coûta tant de coups de canon pour le passer en 1794, et que nous avons quitté peut-être pour toujours !

Nous restâmes cantonnés près de *Kreuznach* du 1er novembre 1813 au 28 décembre, jour que le corps d'armée se mit en marche pour venir prendre des cantonnements près de *Landau*, en attendant la paix qui, disait-on, allait se faire avec les souverains du Nord.

## § XIX. — Campagne de 1814 en France.

Le 1er janvier 1814, vers les 2 heures de l'après-midi, par un beau dimanche, au moment où nous allions arriver dans nos cantonnements, nous fûmes attaqués, sans nous y attendre le moins du monde, par la cavalerie ennemie.

Nous ne concevions pas comment un maréchal d'Empire ne savait pas que l'ennemi était, faut-il dire, au milieu de son corps d'armée, ou s'il le savait, chose que j'ai toujours crue, il était bien coupable en nous exposant ainsi devant un ennemi que nous comptions encore de l'autre côté du Rhin (1).

On prit les armes, on se porta à la rencontre de l'ennemi qui ne fit pas de résistance de suite ; mais, ayant vu que notre cavalerie s'engageait dans le premier village en sortant de *Neustadt*, il la laissa poursuivre ce qui se trouvait engagé et qui avait sans doute l'ordre de nous attirer au delà du village.

Il était presque nuit, on ne vit pas une réserve de cavalerie ennemie qui attendait, pour fondre sur les derrières de la nôtre, qu'elle fût tout à fait dehors du village. Notre malheureuse cavalerie se voyant attaquée par derrière, il s'ensuivit un désordre épouvantable ; on coucha dans le village où l'échauffourée venait d'avoir lieu et chacun lécha ses plaies.

Le 2, on fit une reconnaissance sur le chemin de Maheim (?).

Notre cavalerie fut ramenée d'une manière à nous faire faire tous prisonniers.

---

(1) Il s'agit évidemment du maréchal Marmont, qui avait sous ses ordres le 6ᵉ corps et le 1ᵉʳ corps de cavalerie.

Voyant que si je bougeais je serais pris avec tout mon matériel, je pris le parti de disposer mes pièces de manière à bien me défendre.

Je croyais que notre cavalerie, battant en retraite sur ma droite, s'arrêterait à ma hauteur, mais pas du tout.

L'ennemi, l'ayant imprudemment suivie, me présentait son flanc droit, où je faisais des brèches épouvantables à coups de mitraille.

Elle fut obligée de rétrograder sans avoir osé me charger.

Ce fut alors que notre cavalerie vint, un peu honteuse, se mettre à ma hauteur. L'ennemi fut déconcerté de la résistance de notre artillerie ; il se reforma et s'approcha de manière à faire croire à une nouvelle charge, mais elle n'eut pas lieu et, la nuit étant venue, nous couchâmes près de *Türckheim* (Durkheim), sur la route qui va à *Blies-castel*.

Le 3, nous nous dirigeâmes sur cette dernière ville et on se battit dans la ville ; ce ne fut pas grand'chose.

Le 4, nous vînmes sur *Pirmasens*.

Le 5, à *Hombourg* (1).

Le 6, à *Sarreguemines*, où nous restâmes deux jours. Nous avions l'air de vouloir défendre les bords de la Sarre, mais ce n'était qu'un feu de paille ; il commençait à faire froid.

Le 8, nous quittâmes Sarreguemines pour venir à *Saint-Avold*.

Nous y restâmes le 9.

Le 10, dans un village près de Forbach.

Le 11, au-dessus de Metz.

Dans ces quatre dernières journées, on ne se battit pas.

Le 12, nous traversâmes Metz et nous vînmes sur la route de Thionville.

---

(1) Tout cela est un peu confus, le 5 le maréchal était à Hombourg.

J'étais dans le village de Richemont, où j'avais été campé en août 1792.

Nous restâmes là les 13, 14, 15 et 16 février 1814.

Le 17, nous nous mîmes en marche pour venir à Gravelotte, sur la route de Metz à Verdun, au moment de nous coucher, nous marchâmes toute la nuit par un verglas épouvantable. Nos chevaux ne pouvaient pas se tenir sur leurs jambes. Sur les 8 heures du 18, une forte pluie qui fit disparaître le verglas. Nous arrivâmes sur les 4 heures à Verdun. Nous n'entrâmes pas en ville. On fit rafraîchir et les hommes et les chevaux, et nous nous remîmes en marche sur Saint-Mihiel, où nous arrivâmes à 1 heure du matin. On y surprit le parti ennemi qui s'y trouvait. On tua et fit quelques prisonniers (1).

Le lendemain 20, nous étions bien fatigués ; le dégel et les jours de pluie avaient grossi la Meuse, de sorte que, le 22, mes pièces de canon étaient dans l'eau, et nous eûmes de la peine à les en sortir.

Nous partîmes de là le 23 pour nous diriger sur Void, où nous couchâmes.

Le 24, à Bar-le-Duc.

Le 25, à Jean-d'Heurs (sur la Saulx, au sud de Robert-Espagne).

Le 26, à Vitry-sur-Marne.

Le 27, au moment où nous nous mettons en route pour nous diriger sur Châlons, l'Empereur nous rejoignit venant de Paris, nous fit faire demi-tour et attaquer l'ennemi de suite. Nous nous battîmes bien toute la journée. On coucha dans la plaine entre Vitry et Saint-Dizier.

Le 28 au matin, nous reprîmes Saint-Dizier et nous fîmes une pointe sur Bar-le-Duc, où nous couchâmes le 28 janvier 1814.

---

(1) C'est le fameux colonel Fabvier qui dirigeait la surprise.

Le 29 au soir, nous partîmes de Bar pour venir dans la nuit à Vassy, où nous arrivâmes à la pointe du jour.

Nous nous battîmes toute la journée du 30.

Le soir, en retraite sur Montierender, où nous arrivâmes le matin du 31 par une boue épouvantable. On fit la soupe. Le maréchal Marmont me donna l'ordre de doubler les attelages ; je ne l'exécutai pas et je fis bien, car l'artillerie à pied, qui avait laissé la moitié de son matériel à Montierender, le vit entre les mains des Russes lorsqu'on vint pour le prendre. Nous marchâmes jusqu'à 2 heures du matin pour arriver dans un village au-dessus de Brienne, où nous n'étions pas beau, il s'en fallait tout.

A la pointe du jour, la bataille de Brienne commence. Nous n'y prîmes aucune part. Nous fîmes des marches et contremarches, de manière que nous finîmes par arriver à l'entrée de la nuit près Brienne.

Je reçus l'ordre de partir à minuit pour me rendre au pont d'Esmont (Lesmont), où j'arrivai à 8 heures du matin, avec ordre de prendre les ordres du maréchal Ney. Il me dit :

Que voulez-vous que je fasse de vous avec le peu de troupes que j'ai ? Partez et suivez la colonne.

Je couchai le 3 février à un village pas loin de Troyes.
Le 4 et le 5, à *Troyes*.
Le 6, à *Nogent-sur-Seine*.
Le 7, à *Sézane* (Sézanne).
Le 8 et le 9, dans une ferme à quelques lieues de là.

Le 10, la fameuse affaire de Champaubert, où je fus blessé pour la septième fois d'une balle dans la cuisse droite, et le cheval que je montais tué de deux balles au flanc droit.

Le 11, nous restâmes à Etoges, où je souffrais bien de ma blessure.

Le 12 et le 13, *idem*.

Le 14, sur Montmirail.

Le 15 eut lieu l'affaire de Vauchamps. Le soir, couché à Bergères.

Le 17, à Vertus. Parti de là à 10 heures du soir. Marché toute la nuit et, le 18, nous prîmes Montmirail ; je reçus deux balles dans mes vêtements en chargeant sur des tirailleurs russes ; j'en amenai trois à ma batterie ! Le maréchal me dit :

Vous ne voulez donc pas que nous finissions la campagne ensemble ? Voyez combien peu il s'en est fallu que nous soyons privés de vos bons services.

Nous restâmes là les 19, 20 et 21 (1).

Le 22, nous nous portâmes en avant et nous restâmes campés au-dessus de Sézane (Sézanne) les 23, 24 et 25.

Le 26, nous nous dirigeâmes sur la Ferté-Gaucher.

Le 27, à la Ferté-sous-Jouarre.

Le 28, au pont sur la Marne.

Depuis le 18, nous n'eûmes rien avec l'ennemi.

Le 1er mars 1814, nous arrivâmes à Meaux. Le même jour, nous fîmes une pointe sur Lagny.

Le 2, nous y brûlâmes le pont et, malheureusement, le moulin ; c'est le général Doumerc qui commandait tout cela.

Le 3, nous repassâmes à Meaux pour nous porter sur May (May-en-Multien).

L'ennemi passait la Marne devant nous et défense de tirer dessus.

On se battit le soir.

Le 4, une affaire eut lieu à Neuilly-Saint-Front.

Le 5, sur Fismes.

Le 6, au bac de Berry (Berry-au-Bac).

---

(1) C'est le 19 février 1814 que le capitaine Mathieu fut nommé chef d'escadron.

Le 7, la bataille de Craon (Craonne), qui n'eut aucun résultat.

Le 8, resté sur le champ de bataille à faire des reconnaissances.

Le 9 eut lieu notre malheureuse affaire de Laon.

Le 10 au matin, après avoir marché toute la nuit, nous étions encore une fois au pont du Bac et nous rassemblâmes les débris du corps d'armée pour nous porter sur Roussi (Roucy), où nous couchâmes.

Le 11, à Fismes. Nous restâmes là les 12 et 13 mars.

Le 14 eut lieu la belle affaire de Rheims (Reims). L'Empereur était là.

Le 15, on nous fit marcher sur le Bac à Berry ; c'était la troisième fois dans dix jours. Nous restâmes là les 16 et 17.

Le 18, sur les 9 heures, on évacua le Bac et l'infanterie du corps d'armée se dirigea sur Roussi.

Les différents postes que l'on fit relever devaient former l'arrière-garde avec l'artillerie à cheval et la cavalerie légère.

J'étais au bout du pont du Bac avec mes douze bouches à feu.

Le maréchal Marmont me dit :

Commandant Mathieu, vous allez vous porter près des généraux Foissac la Tour et Hubert, qui sont là-haut avec leurs régiments, et vous prendrez avec vous six bouches à feu, le reste suivra la route de Rheims où la cavalerie et les postes doivent se rendre.

Je faisais mon mouvement pour l'exécution de cet ordre quand, tout à coup, je vis notre cavalerie aux prises avec celles de l'ennemi ; je me permis de dire au maréchal :

Monseigneur, croyez-vous avoir trop d'artillerie que vous voulez que j'aille la conduire aux ennemis ? — Comment cela ? — Voyez, voilà notre cavalerie qui est aux prises avec l'ennemi, et il me semble qu'elle ne tient pas !

Effectivement, notre cavalerie fut ramenée en grand désordre, traversa la route de Rheims et alla se perdre par un taillis de l'année sur les bords de l'Oise, de sorte qu'en moins d'un quart d'heure, il ne nous restait pas un seul cavalier pour nous défendre. Je n'avais pas bougé de ma position près du pont, et tous les postes ayant été relevés étaient venus se mettre près de mes batteries.

Le maréchal, voyant que la cavalerie était ramenée de la sorte, piqua des deux et fut rejoindre l'infanterie qui suivait son mouvement de retraite et qui ne se doutait pas de ce qui se passait derrière elle, vu qu'un bois lui dérobait notre position.

Je me trouvais donc totalement coupé du corps d'armée. Je me mis en mouvement pour suivre la même route au lieu d'aller sur Rheims. Je mis seulement six bouches à feu en batterie et les autres six à la prolonge et marchant à une petite distance.

Mes postes d'infanterie étaient sous mes ordres, d'après ce que m'avait dit le maréchal. Je les plaçai sur la droite des batteries avec ordre de ne faire feu que quand je l'ordonnerais. Il n'y avait rien de bien rassurant pour nous, mais j'avais grande confiance dans la bravoure des canonniers de ma compagnie. Je me mis en avant et la cavalerie vint à nous, croyant avoir beau jeu. Je marchais toujours.

Les canonniers avaient l'ordre de ne tirer que de très près, de ne rien craindre, en leur disant :

Soyez tranquilles, mes amis, nous n'avons que de la gloire à acquérir dans la position malheureuse où nous sommes.

L'ennemi sonne la charge, il vient droit à nous. J'ordonne à mes six bouches à feu de tirer à mitraille et aux six autres de tirer à boulet. Ce feu fit un effet magique sur la cavalerie qui se retira près du bois où était le passage par où le corps avait passé et où nous devions passer aussi.

Le général ennemi m'envoya un officier avec un trompette et cet officier me dit qu'il m'était impossible de me retirer, que son général m'offrait de nous recevoir comme prisonniers, mais que nous irions en France avec notre promesse de ne pas servir contre eux avant un an et un jour.

Je lui dis :

Monsieur, je ne sais pas quel est le sort qui m'est réservé, mais je vous prie de dire à votre général, en le remerciant de son offre, que je n'ai jamais pu croire qu'un officier puisse penser à capituler en plaine ; si je ne peux mieux faire, j'accepterai ses offres.

Un moment après, l'officier revint et me dit :

On vous donne vingt minutes pour vous rendre à discrétion.

Moi, Monsieur, je vous en donne dix pour vous retirer.

Je donnai l'ordre de marcher en avant. Je mis mes 4 obusiers sur la gauche de mes 12 bouches à feu.

Le feu de mes batteries faisait sauter hommes et chevaux.

Malgré cela ils tentèrent une charge. Je les laissai venir tout près.

Notre infanterie, quoique couverte par mes batteries, murmurait, et parlait de se rendre, il y avait avec elle un colonel et je n'en savais rien.

Il voulut s'autoriser de son rang. Je lui dis :

Mon colonel, après l'affaire je vous répondrai, en attendant, obéissez, je suis le chef ici.

Je fis faire un feu bien nourri avec quatre obusiers, ce qui écrasa leur cavalerie, et elle fut obligée de s'éloigner du passage.

Je profitai de ce moment pour faire marcher quatre bouches à feu sur le passage, j'y plaçai de l'infanterie, cette troupe était dans un taillis de dix ans au moins.

Je fis marcher ensuite quatre autres pièces qui ne s'arrêtèrent qu'à la sortie du bois. Ensuite l'ennemi vint encore se montrer et voulut fournir une troisième charge, mais mes bouches à feu lui imposaient silence. Enfin, je finis par tout passer ce que j'avais sous mes ordres et je ne rejoignis le corps d'armée que vers minuit.

Nous arrivâmes à Fismes sur les 5 heures du soir. Je priai le maréchal de faire venir devant lui M. le colonel un tel.

Saviez-vous, Monseigneur, dis-je devant le colonel, que Monsieur faisait partie des postes que vous mîtes hier sous mes ordres ? Pourquoi cela ? J'ai besoin de le savoir, Monseigneur !

— Comment, colonel, vous vous trouviez-là ? Pourquoi n'étiez-vous pas à votre régiment ?

— Eh bien, Monseigneur, si j'avais cru Monsieur, nous serions au pouvoir de l'ennemi, je n'ai pas voulu lui permettre de commander l'infanterie, vu, Monseigneur, que vous l'aviez mise sous mes ordres.

Le colonel fut puni et le maréchal me loua beaucoup sur ce que j'avais fait. On ne parlait au corps d'armée que de ce qui venait d'avoir lieu. Le général Hubert dit devant tout le monde :

Il n'y a plus que dans l'artillerie à cheval où on se bat bien (1).

Le 20, à Château-Thierry.

Le 21 et le 22, à Champaubert.

Le 23, à Vertus.

Le 24, à Soudey (Soudé-Sainte-Croix).

Le 25, l'ennemi nous bouscula sens dessus dessous, nous vînmes coucher dans un village près de Sézane ; il était minuit.

Le 26, nous fûmes obligés de faire une trouée à Sézane

---

(1) Il s'agit dans tout cela de l'intervention de la cavalerie de Tchernitcheff.

pour passer. En retraite par échelon de quatre bouches à feu jusque sur la Ferté-Gaucher. Là, l'ennemi y était. Encore une trouée pour nous jeter dans la plaine pour marcher toute la nuit du 26 au 27, où nous arrivâmes à Provins sur les 7 heures du matin. Nous nous battîmes là jusqu'à 9 heures du soir où nous nous mîmes en marche pour arriver le soir du 28 à Melun.

Le 29 au matin, nous quittâmes Melun et nous vînmes bivouaquer à Charonne où nous passâmes la nuit.

Le 30 au matin, je marchai sur Belleville et Romainville avec quatre batteries d'artillerie à cheval faisant partie du 1er corps de cavalerie commandé, depuis le 5 mars, par le lieutenant général Bordessoulle, il n'y eut que six bouches à feu de mises en batterie, encore firent-elles peu de chose.

Sur les 4 heures, on me donne l'ordre de me rendre avec mes vingt-quatre bouches à feu à la barrière d'Enfer, où, en y arrivant, il n'y avait pas une âme.

Je poussai jusqu'à Montrouge où je bivouaquai la nuit du 30 mars au 31.

Le 31, sur les 4 heures, en route sur Essonne.

Le 1er avril, l'Empereur vint nous voir à Essonne. Après avoir parlé au maréchal Marmont, Sa Majesté me dit :

Mathieu, combien avez-vous de bouches à feu ? — Vingt-quatre, Sire. — Des hommes, des chevaux et des munitions ? — Oui, Sire. — C'est bien. Dans quelques jours, nous nous en servirons.

C'est les dernières paroles que Sa Majesté m'a dites.

Le 2 avril 1814, on nous lut à l'ordre l'abdication de l'empereur en faveur de son fils.

Le 4, une autre abdication où Sa Majesté l'Empereur renonçait pour lui et son fils au trône de France.

Sa Majesté était à Fontainebleau et nous à Essonne.

Le 4, à 7 heures du soir, je reçus l'ordre de me tenir prêt à marcher dans la nuit du 4 au 5.

Le 5, à 5 heures, nous sortons d'Essonne et nous comptions que nous allions nous mesurer avec l'ennemi.

Tout en sortant d'Essonne, sur notre gauche, j'entends des fanfares de cavalerie. A peine s'il faisait jour.

Que veut dire cela, dis-je au bon colonel Girardot, du 3e cuirassiers. — Je n'en sais rien, me dit-il.

Je saute le fossé, je cours vers cette cavalerie et qu'est-ce que je vois, de la cavalerie ennemie.

Je m'approche tout près et on ne me dit rien. Je reviens, et je dis au colonel Girardot :

Je crois, mon cher colonel, qu'on nous fait déserter les aigles du grand homme.
Mon Dieu, si cela est, quel crime !

Je vais trouver le colonel chef de l'état-major de l'artillerie du corps d'armée du maréchal Marmont, M. Marillac, auquel je dis :

Mais que veut dire tout ceci, mon cher colonel, vous ne savez rien de ce qui se passe ?
— Je vous jure, mon cher Mathieu, que je ne sais pas plus que vous.

Je cours alors au général Bordessoulle qui marchait en tête du corps d'armée avec le lieutenant-général Souame (Souham) et je lui dis :

Mais, mon général, ayez donc la bonté de me dire quel rôle est-ce qu'on nous fait jouer ici. Nous avons de la cavalerie ennemie sur nos derrières, en êtes-vous instruit ? Désertons-nous les aigles du grand homme, oui ou non, car on le dirait d'après ce qui se passe.
— Oui, mon cher Mathieu, oui, nous quittons par un traité l'homme insatiable, l'homme qui ne nous aurait laissé que la guerre civile. Nous allons prendre des cantonnements et vous serez tranquille, heureux (1).
— Comment, mon général, on nous fait commettre un crime

---

(1) On voit que le général Bordessoulle n'avait pas été long à se rallier à la ragusade qu'il avait d'abord condamnée.

heureusement inconnu jusqu'à ce jour parmi nous, et cela pour avoir du repos ! Il n'y a que quelques hommes qui pensent ainsi, je ne vous suis pas !

Je cours à mes hommes, je leur dis :

Mes enfants, on nous trahit, qui m'aime me suive !

Lorsque je voulus repasser par Essonne, la cavalerie ennemie était à cheval sur la route et ne voulut pas nous laisser passer.

Je fus obligé de suivre le mouvement sur Versailles où nous arrivâmes après avoir traversé l'armée ennemie et escortés par une cavalerie ennemie bien nombreuse. Je ne fis que de pleurer.

Le 6, nous vînmes coucher à Saint-Germain-en-Laye et, le 17, nous arrivâmes à Rouen pour y cantonner tout le reste d'avril et le mois de mai.

Je partis dans les premiers jours de juin pour conduire mon matériel à Douay. C'est de là que je reçus ma demi-solde en date du 28 juin 1814.

Je me mis en route avec ce qui appartenait au 1er régiment d'artillerie à cheval et j'arrivai au régiment de Besançon le 19 juillet 1814 (1).

Je rendis mes comptes au conseil d'administration et ensuite, après avoir dit adieu à mes braves camarades et à mes bons canonniers, je me rendis à Auxonne pour y jouir de ma demi-solde, fruit de mes 24 années de guerre et de mes 27 années de service accompagnées de sept blessures.

Je revins rejoindre ma famille que j'avais quittée le 20 octobre 1811. J'étais tout nu, je n'avais pas le sou, à la bataille de Paris, le 30 mars 1814.

Je perdis par trois fois tout ce que je possédais dans mes

---

(1) Le dépôt du 1er d'artillerie à cheval avait été transféré à Besançon en avril 1813.

dernières campagnes : la première fois, le 18 octobre 1812, à 15 lieues de Moscou ; la deuxième, le 19 octobre 1813, à Leipzig, et la troisième le 9 mars 1814 ; à cette dernière affaire, je ne possédais plus que mon corps et une bonne et grande envie de détruire les ennemis de mon bon pays de France.

## § XX. — Campagne de 1815 en Vendée.

Je fus rappelé en 1815. Je fus envoyé à Nantes y commander l'artillerie des divisions Travot et Brayer.

Après Waterloo, on m'envoya à la Rochelle y conduire mes batteries.

Je reçus l'ordre le 3 octobre d'aller à Guéret y commander l'artillerie.

Je fus mis en retraite le 10 février 1816 avec 1.800 francs de pension.

### Résumé de mes services, campagnes et blessures.

Voilà ce que j'ai fait depuis 1787 que je suis au service de mon pays. Je l'ai servi, ce pays, honorablement et loyalement du 16 octobre 1787 au 10 février 1816, ce qui fait 28 ans, 3 mois et 27 jours.

J'ai tiré mon premier coup de canon à Quiévrain, sur les bord de l'Escaut, le 30 avril 1792, et le dernier, le 30 mars 1814, à la bataille de Paris, de douloureuse mémoire.

Pendant ce long espace de temps, je n'ai pas eu un congé de vingt-quatre heures.

J'ai été blessé sept fois :

La première fois, le 30 avril 1792, d'une balle au mollet ; la deuxième, le 9 juin 1793, à Arlon, d'une balle au côté droit ; la troisième, le 15 fructidor an IV, à la bataille de Wurtzbourg, d'un coup de sabre sur l'articulation de

l'épaule droite ; la quatrième, le 23 frimaire an IX, d'un
boulet au côté gauche ; la cinquième, le 6 juillet 1809,
à Wagram, d'un boulet sur le poignet gauche; la sixième,
le 7 septembre 1812, à la bataille de la Moskowa, d'une
balle sur le bras gauche ; la septième, le 10 février 1814,
à Champaubert, d'une balle à la cuisse droite.

Auxonne, le 10 avril 1842.

Paris et Limoges. — Impr. et libr. milit. H. CHARLES-LAVAUZELLE.